AF218325

LA MANDOLINA

José Carlos Turrado de la Fuente

LA MANDOLINA
Primera Edición 2024

© José Carlos Turrado de la Fuente 2024

© Ediciones Rilke.
http://www.edicionesrilke.com
editorial@edicionesrilke.com
C/Dr. Fleming N° 50, 4°D
28036 Madrid
Teléfono: 34 91 999 13 12

ISBN-13:978-84-18566-44-8

Depósito Legal: M-16384-2024

Reservados todos los derechos. Esta publicación no puede ser reproducida, ni en todo, ni en parte, ni registrada en o trasmitida por un sistema de recuperación de información, de ninguna forma ni por ningún medio, sea mecánico, foto químico, electrónico, magnético o por fotocopia, o cualquier otro sin el permiso previo por escrito de los titulares del copyright.

LA MANDOLINA

JOSÉ CARLOS TURRADO DE LA FUENTE

*I rot on the wall, my own
Dorian Gray.*

Anne Sexton

1

En este mundo viejo,
tundido y desolado del deseo,
construyo mis ciudades
y cándido se va abrasando el suelo,
tizones por regales
navegan como inánimes cruceros
y mientras son las nubes
llagadas panzas de rumiantes muertos.
¿Cómo será posible
qué túmidos arrastren mis desvelos
a mustios animales
a atónitas baladas entre entierros?,
¿cómo pueden mis voces,
de gema y flámeo corindón bello,
sajar hasta la muerte
el vientre cano del ruiseñor terco?
Acometo callarme,
atroz es otro crimen que perpetro,
y silba por el páramo
levítico holocausto de silencio.
Por esta tierra fiera
llega al oído de la dama Hersilia,
resumido en derrota,
cenceño credo mío y homilía
de mi pasar pesado,
contempla gemebunda la ironía,
detiene su montura,
usada ya, corea en atonía
de edad ya trasnochada:
Hersilia inventa la melancolía.

2

Tu ley es un embuste, condesa Satanás,
y tus premisas falsas, ¿cuáles no lo serán?,
una invención, un chiste, huelga carcajear,
nadie me ha preguntado, tu siervo soy: callar;
si fuera ciudadano, contigo en el altar,
ahí, frente al retablo diría: ¡es irreal!
¡Ay, maravilla mía, alevosa y falaz!,
concedo privilegio, insulta a la Verdad,
si eso te hace feliz… si acaso es por la paz…,
mas hagas lo que hagas no olvides, no, jamás,
que no es mentira falsa, ¡es que no es realidad!
Vampira o vampiresa, mira… a mí me da igual
si de noche, en mi lecho (adjunto yugular)
me llega tu correo, trotando en alazán,
en galas subrepticias de espectro tan sensual,
de tigra o de tigresa, panteresa inmortal,
y me prestas tu cuello, ¿lo puedes evitar?,
y allí, transido, en sueños, lo pueda yo besar.
Entiendo, soy esclavo, indigno de escuchar:
tápate los oídos, que yo te voy a amar,
y si quieres, ya luego, legisla a voluntad.
Veo, tú me desprecias, preceda libertad,
acepto tu desdén, asume mi bondad:
te quiero, vida mía, no importa si es legal,
si es verdad o mentira: es simple realidad.

3

A menudo salgo al patio
de mi casa enamorada
de los campos leoneses
por ver si una nube pasa,
el zorzal en la cornisa,
la breva roya en la rama,
la rieza por los rincones
y clarita y añilada
sobre mis ojos la calma
de una eterna destemplanza,
y se pasan los minutos
por mi faz obnubilada,
desprovista de persona,
agotada de esperanza,
y a las horas, ya cansado,
retorno a la cueva helada
y musito para adentro
con la voz congestionada:
"Hasta el día que me muera,
hasta entonces, no haré nada".
Repito como en el patio
por los pies de la montaña,
por la dehesa inocente,
por la senda desnortada
que conduce hasta la ermita
del hayedo, tan anciana,
al son de la tarabilla
y de la abubilla parva,
y agotado entre estertores
regurgito la campaña,

me arrodillo entre sudores
y con voces asfixiadas
lo susurro, no lo grito,
apenas forma palabras,
"hasta el día que fallezca,
hasta entonces, no haré nada".
Si retorno a la ciudad
de las tormentas opacas,
al hogar del dios y el loco,
de la máquina y la brasa,
me rechaza el semejante
y yo elevo las espaldas,
y al insulto no responde
mi alma vieja y agostada,
perplejamente me escondo
en mi caverna excavada
en el vientre forroñoso
de una abuela desdentada,
y pregunto a la pared
de aristas contorsionadas,
"¿no le he dicho ya mil veces
que mi vida está acabada,
que hasta el día de partir,
hasta entonces, no haré nada?"
Pero a veces es tu rostro
el que llega hasta mi casa,
e infantil, leve, glorioso,
me acaricia las aldabas;
rostro con ojos de nubes
y sonrisas limpias, blancas,
bordado de esos cabellos
de relumbre pristinada,
y yo digo, todo himplado,
a tu presencia tan franca,

corazón despedazado,
manos perdidas, llagadas,
"disculpa, querida, amor,
que no escuche tu llamada,
mis oídos son la nube
que se esfuma y deshilacha:
hasta el día que me muera,
hasta entonces, no haré nada".

4

Un túmulo en Avalón
despunta en noche de niebla
y ha sido día de ayuno
de finales de Cuaresma,
derechos a delirar
el conde transporta a cuestas,
regresa de Tierra Santa
solitario y sin estrellas;
masculla a lomos de un rucio
regurgitadas protestas,
sin su porte, asaz herido,
aquilino en carnes prietas;
un cárabo abre camino
y son autillos coreutas,
las lámpades el sendero
de pinaza le adecentan
y huele a pueblo quemado,
a podredumbre de aldea;
quiere que le escuche el rey,
va preparando querellas.
Imposible era vencer,
¿quién inició aquella guerra?,
es único en regresar
entre silvas y florestas
de bestias acechadoras,
de seres de las tinieblas,
no sabe si duerme o muere,
si fallece o fantasea.
Atrás huestes destrozadas
alfombran Europa entera,
ya despeñadas de riscos,

heladas en parameras,
derrotadas por el mundo,
débil carne estercolera,
más de viaje y desventura
que de lanza sarracena.
¡Oh, Dios!, ¿nos diste la espalda?,
dime, ¿por qué la condena?
Y se baja, y se derrumba,
con chavasca prende hoguera
y comprende, al fin rendido,
que no llegará a Inglaterra,
queda muy lejos aún,
se extiende, exangüe, sin fuerzas.

5

Quisiste no dormirte, mas, niña, es imposible,
finalmente has cedido y yaces aquí virgen,
a mi arbitrio y deseo, mi capricho y poder,
¡ya quisieras tú sola bautizarte mujer!
Ausente y embozada, presa de tu poeta,
te extiendes desarmada, mi cautiva princesa,
te toco, te magreo, y tiemblo y te masturbo,
los labios te acaricio y en tu vagina me hundo;
¿qué hacer, si estás rendida?, ¿en qué puedes vencer?,
tú tiemblas, te estremeces, te doblas de placer.
¿A la cárcel?, mañana; es noche, yo gobierno,
tuyo será tu cuerpo, pero míos los versos.

6

No te rías por mis bromas,
por favor, aprende y calla,
se me escapan por la alforja
descosida, erosionada,
comida que no alimenta,
flogisto errante en la nada,
no me animes, mejor juzga
con desprecio mis bobadas,
humilla mi vicio abyecto,
soy basura: quema y marcha.
No me aplaudas el ingenio
que me queda, niña amada,
insúltame y sal corriendo,
que mi astucia hiere y mancha,
que es sagacidad proterva,
anacronía malvada,
seducción inane y sucia,
promesas indeseadas
que jamás podré cumplir,
prende el juste, mata y marcha.
Sobro, quisiera ausentarme,
desintegrarme, palabra,
me juro todos los días
que no abriré la bocaza,
pero a veces no lo cumplo
y un poema se me escapa,
¡ay, cuán débil voluntad!,
haz justicia, joven sabia,
mátame, no sea yo
quien te mate la esperanza,
quien malbarate tu vida,

quien desbarate tu hazaña,
no es mi chiste un disparate,
lo soy yo, niña lozana,
haz de mi verbo un gurruño:
bola, al suelo y la patada.

7

Nenúfar es tu cuerpo, glaciales son las aguas,
morados son tus brazos y estanque es mi Sanabria;
al sol que te atempera, tendida en esta balsa
de julio veraniego, celebro yo tu errancia;
se ha detenido el tiempo, dama crucificada,
sinfines y liturgias retumban por la playa.
¿Qué pensarás, mi niña?, ¿qué pensarás, mi amada?
Despuntan ambos senos al cielo como lanzas,
Longinos se arrodilla, absorto y entre lágrimas.

8

El lirio que es en faz encarnadura,
sepulto bajo el pie, literatura,
me gime entre espinelas de cansancio
y deja aquí en mi sien un poso rancio;
el paso de los años lo amortece,
que es flor que incluso muerta crece y crece,
pantalla vegetal de rostro blanco,
tintura de animal del pecho arranco.
Lejano está, musita, ni lo intuyo,
seráfico entre cieno lo diluyo,
lo intuyo nada más, fúnebre Argestes,
la lápida hondo en mí legan sus huestes;
en mí, que soy un niño, nada más,
que juega con las niñas, tarde, atrás;
en mí, diablo angelical, transparente,
de vuelo abrasador, templado, algente;
en mí y en mi silueta inacabada
que incólume trampea con la Nada;
¡oh, lirio!, bajo el pie, pétalo en ruinas:
ya nunca volverán las golondrinas.

9

Perpetra este vulgar niño travieso
a tu mirar baladas, por tus besos,
¡cuán cándida permuta asaz granada
que domaría al lobo más hambriento!
¿Quieres librar la guerra, ciudadana?,
recíbeme la cobla y la romanza,
no cojas el fusil, ¡ay, mi lozana!,
si quieres tú crïar las patrias mansas;
no pintas nada aquí, en esta trinchera
que desde que llegaste es paraíso,
¿vas a prohibirme acaso que te quiera?,
¿tengo que obedecer?, ¿pedí permiso?
¿Permiso necesito para amarte?
¿Permiso necesita tu poeta?
Tira el soneto al wáter, si tú quieres,
pero no lograrás callar mi lengua.

10

¡Rápido, a tu silla, que te la quito!
Y un gorgorito.
La, mi, el do mi flauta, dulce y traviesa,
modula entre humoradas y arabescos,
¡mira a aquél, con sus andares simiescos!,
¡qué bufón!, ¡la manta que lo sudó!
¡Rápido, a tu silla, que te la quito!
Y un gorgorito.
Como canto y bufo a la vez, preguntas,
creo que deberías concentrarte,
un milagro si no será sentarte,
te quedarás de pie como una boba,
mi flauta suena para darte coba,
y aquí quien muere es el que más dudó.
¡Rápido, a tu silla, que te la quito!
Y un gorgorito.
Sí, muere, muere, ¿tú qué te pensabas?,
¿que esto era un juego para parvulitos?,
ya puedes pensar menos en ricitos,
no sé por qué te da por protestar,
escucha, estate atenta y a callar,
¿soy yo un esclavo para divertirte?,
¿por qué pensabas eso?, ¿quieres irte?,
¡de pronto tu interés se redobló!
¡Rápido, a tu silla, que te la quito!
Y un gorgorito.
¡Por los pelos! ¡Menudas cortesías!
Faltó romperle el cuello a la ancianita,
de golpe pareces menos bonita,
has perdido, ¿no escuchas risotadas?,
así que nada, ¿dónde se reclama?,

¿reclamar?, reclamar a quién, mi dama,
¡no te inventes las reglas!, ¿qué creíste?,
¿que yo he venido aquí a contarte un chiste?,
y suerte que has tenido, que al parchís…
¡Rápido, a tu silla, que te la quito!
Y un gorgorito.
Un día un niño nació en un pesebre,
llegaron algo tarde a aquella venta…

11

Vástiga eres del almendro
y Castilla mortifica
tu precocidad ignara
y tu floración fulmina,
por firme malbaratada
nevada deja tu ruina
una estepa ajardinada
y febrero no termina;
la crónica de tu reino,
testimonio de conquista,
recompongo tu figura
tan hermosa y tan bienquista,
de núbil mujer, sagrada,
¡ay, tristona princesita!,
sin ser nadie, no me temas,
dentellada sin aristas,
sólo tu errante mascota
que relame tus heridas,
rebuquera entre tus piernas,
y te bizma las postillas;
yo soy Filemón, tú, Baucis
de esta ciudad preterida,
llámanos como prefieras,
soy feliz, lloras perdida
esas lágrimas de almendra
que alfombran la tierra mía,
la orean y la amapolan
y la cubren de semillas;
llora, llora, manan flores
de la entraña de Castilla.

12

Mandolina en si bemol, mi mandolina,
contrapunto un guitarrón, amor barroco,
ronca zanfona de fondo, y en sordina
sacabuches tronador, morlaco y hondo;
cornamusa anúnciate, mimosa musa,
laudes tuyas ya te reza algún laúd,
bella llámate mi voz, porque eres bella,
tú te asomas al balcón, porque eres tú;
clavecín tu movimiento entre claveles,
elegante salve orlada de eglantinas,
y turquesas son tus ojos con turquíes
engastados en redor de tus pupilas:
¿tú?, magnolias, margaritas, alhelíes,
¿yo?, ocarina, y un flautín con cascabeles,
¿tú?, azalea y azucena, Berenice,
¿yo?, dulzaina, caramillo y tamboretes,
tuyo el canto que te canta la mañana
y repite cada tarde tu canor,
tú mi alondra, mi doncella inveterada,
viviré yo para siempre ruiseñor.

13

Tapial del cementerio,
balazos que entregó algún fusilero,
nostálgico adulterio,
asma de caballero,
un credo recitado sin esmero;
temor lento y violento,
temblores de paseo interminable,
instante macilento,
tibieza abominable,
garoso acabamiento inagotable;
helor en castellano,
rececho de milano en camposanto,
ciprés crespo, inhumano,
leproso y cruel quebranto,
el llanto que entre cruces busca espanto;
paseo vespertino,
sin acto ni actuación, nudo, resuelto,
crepúsculo asesino,
un cadáver esbelto,
gemoso ocaso fino, crudo, absuelto;
rezo sin oración,
soldado herido, torpe, vil, cobarde,
solitaria sanción,
canción que mientras arde
vacía la belleza de esta tarde.

14

Al tañido de esta cuerda
responde una princesita
que dice que es italiana
y que se llama Sibilla,
que nació en sede de Urbino
pero creció en una isla,
que estudió en Perusa luego
y está varada en Ibiza.
Me ha contado que en el fondo es muy infeliz,
que es desgraciada,
le pregunto de dónde viene su pena,
responde nada.
Mi Sibilla se asemeja a una camelia
que vi un día en una tasca en Alabama,
que arrastraba su tacón por la tarima
y danzaba ebria de néctar de cebada,
su talón de derrotada hiende surcos
expatriados en la arena de esta playa,
y me engaña, dice: "Miento"; "ya lo sé",
le contesto raudo y ella al fin me abraza.
Mi cuerda mediterránea
la acaricia y la visita,
le solfea alguna nana,
me concede amor de brisa,
yo le doy entre los pinos
melodías sin espinas,
me confiesa, "sólo juego,
llevo siglos en Ibiza".
Me relata que es producto de un desliz,
una bastarda,
que su cuenta siempre estuvo sana y llena,
que no trabaja.

Esta dama es aún joven y destella
tras su cendal de dolor, y yo le digo
que si acaso herida está por ser error
los errores de sus padres yo bendigo,
y sonríe con tamaña gratitud
que parece de repente una niñita,
mira al mar serenamente al fin madura
y se vuelve dulce y enamoradiza.

15

Último día del mundo
y yo así, con estos pelos,
¿vale la pena salvarse
o ese tren ya quedó lejos?
Quizá suene algo plomizo,
cenizo, pesadillesco,
mas lo cierto es que por menos
cada vez yo pido y rezo.
Una alabanza a la escoria,
una velita al simiesco,
una ovación al monstruito,
un aplausito al engendro,
exterminios nucleares
quedan en los vericuetos
someros y obliterados
entre el tiempo y los sucesos;
la bahía de Cochinos
no amilana a ningún necio,
y eso que hoy, quizá mañana,
garantía es el Infierno.
¿Qué os sucede?, de verdad,
yo lo sé y me voy al cuerno,
cuerno que me corresponde,
que no suena y me merezco.
Sé sagrada la esperanza,
yo lo sé, y a eso me aferro,
la genialidad de Dios,
la ineficacia del menso,
del sonso que siempre pierde
en la ironía del tiempo,
que una vez y otra fracasa
y no aprende (en fin, es lerdo).

Pero es que en esta ocasión
siento, vivo y más me temo
que ese necio no descrito
tamaño destrozo haya hecho
que cualquier reanimación
no es posible, no hay remedio.
No alcanza imaginación
ni razón, peno harapiento,
y empieza ya a escasearme
energía hasta en el cuerpo.
No soporto un día más
caminar este desierto
que no lleva a ningún sitio,
mi vivir es de premuerto.

16

Es Ésaco, me previene
de este país de locura,
le peina las crines lene,
le llena la sepultura,
pero a mí, vago pasante,
pelafustán sin montura,
me insta a que escape al galope,
y no sale mi figura.
Sale el sol, es de mañana,
pronto su luz me deslumbra,
raudo me hiere las alas,
presto me quema y las úlceras
raspa sedeña mi capa,
me embalsama, me tortura,
y no se apiada de mí,
me abandona, alma insepulta.

17

Mi guitarra cría polvo,
cada vez toco peor,
no mejoran, no, mis versos,
ni mejora ya tu amor;
¿pasó ya?, ¿tocamos techo?,
¿la Nada nos derrotó?:
vaya torpe esta tonada
transida de ese dolor.
La casa se está cayendo,
le cambiamos el tejado,
mientras se apagan, confunden,
los colores de los prados,
de la flor la nombradía
se cierra como tus párpados
y tropiezo yo al compás
de un corazón destrozado.
Es de pecho, es indudable,
y es angina, no es un do,
no llames a la ambulancia,
no me cures, por favor,
escucha hasta que termine,
falta poco, Leonor:
madrugaba el conde Olinos
cuando hace la calor.

18

Yo estoy soltero, ¡ay!,
y arrastro yo mi vida de soltero,
tú estás casado, ¡ay!,
¿te tengo que explicar el adulterio?
Yo soy poeta, ¡ay!,
y sufro esta cruel vida de poeta,
vosotros no lo sois,
¿qué os debo yo explicar de absenta a absenta?
¿Dónde están vuestros libros?
Escritos, los vividos, los bebidos,
yo tengo versos, ¡ay!,
los crío yo, ¿criáis a vuestros críos?
Yo soy un profesor,
¡velay!, ¿no enseño acaso poesía?,
vosotros no lo sois,
¿soberbio yo?, ¿mía la hipocresía?
¿Quisiste ser poeta?
¡Y yo astronauta!, ¡ay!, ¡nos ha jodido!,
el arte lo ha creado
no aquél que quiso, sino el que ha podido,
y bien que le costó,
inteligencia, ingenio y sacrificio.
El verbo que acompaña
al arte es de suyo el admirar,
y si no es admirable
no es arte; elige: ¿mentir o jugar?

19

Violetta y Alfredo graznan
en el cedé desgastado,
y tú pones mala cara
y me llamas anticuado.
¡Menuda escena, mi dama!
¡Ni que fueran de mis años!
¡Ni que fuera Verdi quinto
de tu querido estropajo!
Que te juro, vida mía,
que no traté con Boccaccio,
que yo no maté a John Lennon
y Schiller no es mi cuñado,
ni Aristóteles mi abuelo,
ni es amigo del trabajo
Juan de Yepes, ni Rimbaud,
ni mi jefe es Leonardo.
¿Al final tardó en morir
Cristo justo dos mil tacos?

20

Se atusa en charcos la pluma
el gorrión, y la pardala,
en su lúdica liturgia
se lavan la diplomacia,
mientras los mira mi espíritu
cansado, que es de fantasma,
fantasmas y fantasías,
ellos limpios; yo, migraña.
A la tarde cae la lluvia
sobre la meseta calva,
aromas de lentitudes
alimentan las nostalgias,
bueyes recorren caminos
caminito de la cuadra,
clisaduras por las sendas,
en el carro, lienta paja,
y al paso de los cabestros,
al ritmo de la yugada,
queda inmaculado el mundo,
él, fragante, yo, migraña.
La tapia del cementerio
está sana, enjalbegada,
flamante de cales nuevas
como muelas de chavala,
cruces de mármol brillante
se perfilan como lanzas
en la noche emocionante,
desbordante de estrellada,
mientras mi alma de aire pútrido
describe la moza danza
del esqueleto y la luna,

de las tumbas y la tapia,
ellos recientes por siempre,
ellos, niños, yo, migraña.

21

Yo no quise ser un sátiro,
me formé para Virgilio,
¿el peor de mis fracasos?,
que no entiendes lo que digo;
a veces creo que nadie,
¿soy laurel incomprendido?,
me habéis bajado a hierbajo
para envenenar el guiso.
Léxico de cocinero
tendrá que utilizar Títiro,
me consumo a fuego lento
y a la vez me quedo frío.

22

No temas ser injusta, joven bella,
ya tuve yo mis chances, las perdí,
desoye mis reclamos, sobacallos
de muerto que se finge un aprendiz;
yo tuve ya tus años, y pasaron,
yo tuve ya mi baza, fracasé,
los ases abundaron en mis dedos,
y sandio, sin remedio, los tiré;
contra purrela, doses, cuatros, sietes,
bregaron apolíneos mis dulzores,
no venzan donde erraron mis promesas
mis deletéreos, mustios estertores;
yo ya fui mozo fuerte y talentoso,
ya fui carisma, enigma, fui placer,
mis balas revolaron en los frentes,
toda mi munición desperdicié;
es justa la condena al ruin cobarde,
no debe haber piedad para el soberbio,
no debe izar banderas la zozobra
ni deben ganar nunca guerras necios;
ya fui pintón soldado de uniforme,
marino que surcó los siete mares,
mis tajamares aguas ya partieron,
mi quilla penetró y surcó la sangre;
ante el chaval bisoño, no me elijas,
atiende a su torpeza, no a mi trampa,
sé sabia, que no marre tu escrutinio
o encallarás lardera de mi panza;
no evites, por favor, mi sufrimiento,
me lo he ganado, es mío, lo merezco,
soy sobra, sebo, podre, soy miseria,
quisiera ser un loco, mas soy cuerdo.

23

Mandolina aguamarina
teselada de rosado,
tu cendal terciopelado
ya no es víspera de nada,
la laguna desecada
es un légamo reseco,
sin su bosque, ya no hay Eco,
y no vuelve mi llamada:
¡qué decepción!, ¡ay, mi amada!,
¡qué barata es la cortina!,
¡qué bodrioso fue el casquete
e incómoda es esta cama!
¡Qué poco has currado, niña!
El centésimo banquete
sabe a raspa, espina, escama.
De tanto sacar de esquina
y rematar a la vez
se me juntan yanta y hez,
goce y pota, puta y dama.

24

Acodado en la silente galería
del corral de mi casona leonesa
del cigarro, abandonada, soy pavesa
que se escapa hacia la noche gris y fría,
que es lucerna tan fugaz, lágrima mía,
orfelina sin destino e inconfesa,
ni escarmiento de mi boca me profesa
ni caricia de tu lengua me confía;
ningún mundo, ningún nombre, me termino,
tu ojo blanco me traspasa y me congelo,
yo, lunanco de un invierno inagotable;
vaharadas de mi ausencia me imagino
como el llanto de mi cara vira al hielo,
y alunado mira al cielo el miserable.

25

¡Qué pestañas, qué pestañas!
¿De dónde es tu nombre, Hel,
que tanto en mi pecho arraiga?
Con tus raíces tan largas
fabricaré en mi taller
un harpa, pues soy lutier,
son mis dedos suaves hachas,
yo soy hombre y tú mujer,
¡qué pestañas, qué pestañas!
¡Qué cabellos, qué cabellos!,
¿de dónde brotan, mi vida?,
de día brillan morenos
y a la luna son ceniza,
serán batuca bendita
entre mis sueños serenos,
los pintores nazarenos
decorarán la capilla
donde los dos, novios nuevos,
iremos a la homilía,
¡cuánta dicha, cuánta dicha!
Hermanos de Zaragoza
tienen una violería
donde el cedro y el abeto
perfuman nuestra alegría,
con su formón y sus mañas
perfilan el cabecero
de nuestro amor musical,
dama de cuerda y de miel,
de madera y de metal,
de aire y tierra, etérea piel
para esta marcha nupcial,

¡dame el alma, dame el alma!
¿De dónde es tu nombre, esposa
que mi mundo ya ilumina?
¿De dónde llegaste, reina?
¿De dónde procedes, vida?
¡Qué mirada, qué mirada!
Deja que levante el velo
que ennubece así tu rostro…

26

Son muelle en el oído apaciguado
compases deturpados de zutrón,
tu cuerpo breve, tímida ovación
de insectos embrionarios por tu talle;
al fin y al cabo halléte yo en la calle
y no en un más allá con angelitos,
y he traducido tan tenaz tus gritos
que encuentro mi tintero ya agotado;
y raspo y raspo, ya rechina el vidrio,
insistes en tus místicas pijadas,
no has madurado nada, yo estoy viejo,
mi claustro muere tras morir tu siglo,
hacia tu averno igual yo me dirijo,
me pagas a diez euros el pellejo.

27

Corales sonrosados
son cuentas en tu párvula garganta,
collar, llaves, candados,
pentélica quebranta
lisura de inocencia pulcra y santa;
debieran decorarte,
no obstante te maculan, contaminan,
mi nombre es tu estandarte
y es Ifis, y abominan
de la tu mocedad y la eliminan;
¡oh, dama de nostalgias!,
un día un vilanillo volandero,
hoy híspidas neuralgias,
tus dedos, derrotero
de errático y cegado y cruel sendero;
¿no eras corza veloz
que ufana remontabas la montaña?,
¿no humillaste feroz
los prados, y cizaña
sembraste por el ánima ermitaña?,
¿no eras halcón torcaz,
altivo por azures imperiales?,
¿no centella voraz
de piélagos vitales,
cernida sobre flébiles mortales?
¡Oh, yugulada dama!,
las lágrimas, cual nieves, te congelan,
te fundes, vieja llama,
mis joyas te repelan
la piel, la rompen, rasgan y la hielan.

28

El fatalismo mío es esperanza,
en tu jolgorio, en cambio, no hay futuro,
¿por qué hay que repetir siempre tan duro
el trámite de esta pesada danza?
Me hastía discutir, gastada usanza,
tan cándida, tan vana, siempre sucia,
temo que responder ya no me acucia
y que perdí energía sin venganza.
Hoy rimo, sea rima cañonazos,
hoy canto, sea lírico el destrozo,
hoy taño mi aviación de mandolina;
el aire truena a brisas orientales,
retornan a maderas los metales
de esta postrera voz que desafina.

29

Me arrodillo ante tu altar,
mas no sé por lo que rezo,
por el bien que no he logrado,
por el mal que me merezco,
y te beso en esos pies alabastrinos
que son pétalos mullidos, con deseo,
que no quiero yo ganar lo que yo quiero
mas no te quiero perder; por nada rezo.
Alzo el rostro ante el retablo,
y ante el tuyo, bello, humillo
mi oración estremecida,
lacrimoso en mi capío,
y me cubro las ojeras tan indignas,
esperanza de no ser reconocido,
mi plegaria sumo al río de la vida,
mi palabra y no mi ser yo te dedico.
Yo quisiera por de dentro
que mi llanto fuera hermoso,
todo él arte, sin escoria,
y por eso yo me escondo,
suene apócrifo mi verso por la nave,
voces de hombre, de cualquiera, yo me embozo,
nada quiero para mí, no me respondas,
no me quieras, por favor, mas quiere a otros.
Por la Preciosa Sangre de Cristo,
por las almas del Purgatorio,
por mi padre, la salud de mi madre
y del Papa, cuida de mi familia,
por que mi obra literaria sea escuchada,
en el nombre del Padre,
del Hijo y del Espíritu Santo.
Amén.

30

En rigor, no eres tan guapa,
tu mentón es algo estrecho,
¿que deslumbren?, tus mejillas,
y son grandes tus ojuelos,
por lo demás muy normales,
marrones, hebras camello,
y tu gesto es concentrado,
entre altivo e indefenso;
¿por qué no te cambiaría
ni por Venus en el Cielo?,
¿por qué no me vale otra?,
¿por qué por ti desespero?,
¿por qué sólo es en tu rostro
que encuentra mi alma consuelo,
sustento, brío, alegría,
fermento, placer, sosiego?
Y estás buena, que se dice,
cierto es, como otras tantas,
pero para algún esteta
tus pechos… nada de nada,
porque tiran a pequeños,
la cintura pronunciada,
pero te falta cadera
y ya podrían tus nalgas
ser un poco más carnosas…
sí, tu grupa no destaca,
que entre muchas que conozco
no pasas de las medianas;
¿por qué entonces sólo tú
serías bella en mi cama?

Acudiría al carácter,
que virtudes no te faltan,
luchadora, a veces triste,
sagaz pero a veces mala,
te finges más indefensa
de lo que sabe la entraña;
¿por qué sólo a ti te quiero
si, te digo, no me engañas,
si conozco tus defectos
y no sólo luz en tu alma?
El caso es que si apareces
quedan vacías las salas,
quedan vacías mujeres,
tu presencia es mi tirana
incluso si estás ausente,
¡fíjate qué ciencia arcana!,
como si algo me dijera
que sólo tu voz preclara
pudiera entender mi nombre,
decir: "Levántate y anda".

31

Yo te quiero que en el pecho
no me cabe el corazón,
tu mirada arde en el cielo,
¡ay, candelas de color
y guirnaldas en el pelo!

Mi potrillo hacia tu fuente
corrió como embebecido,
obediente y tú valiente,
en vez de piafar henchido
entonó coplas ardientes.

Hacia la América ajena
ha zarpado mi navío,
lleva la bodega llena
de cuánto yo te he *querío*
y tu canto de sirena.

Bella niña, mi lozana,
sólo un beso yo te pido,
que si el beso me negaras
odiaré el haber *nacío*,
el quejío en las entrañas.

No fue un rapto, vida mía,
¿cómo no venir a Lepe?,
¡cuál fortuna no sería
pisar siempre estos vergeles,
Edén de la Andalucía!

Baja el sol crepuscular
allá lejos, mar adentro,
la barquita en su bogar
se aproxima y con mi cetro
me obstino yo en saludar.

Dormiremos, marinero,
en Casa del Capitán,
las olas serán senderos
por los que amar y soñar,
¡cuán latidos lisonjeros!

Vida mía, en este lecho
es el aire calmo y dulce,
yo respiro de tu acecho
y tú de mis ojos nube;
la mañana queda lejos.

32

Fracasé al ponerte un nombre
y hasta muda en mí tu rostro,
el silencio escuece insomne
y la lurtia de mi acoso
sólo es brisa desacorde:
de aire sano me desbrozo.
Fracasé al acariciarte,
se te ajaron las sonrisas,
insurrecta e improbable
las memorias depositas
excrecencias miserables
por estancias vespertinas.
Mi fracaso es fantasioso,
fantástico el sufrimiento,
fantasma de nitor negro
desorbitante y perverso,
me persigue por el liento
sendero de agotamiento.
Adicción a fracasar
es el mío, mi bautismo,
pórtico, nártex, pilar,
pila, cura, agua y abismo,
sima oscura bajo el mar,
despalabrado espejismo.

33

¡Acabo de ver un ángel por la calle,
síganme la romería hasta su umbral!
Tráiganme, presto, un pandero
si no encuentran mi vihuela,
que es veloz como gacela
y va alada rumbo al Cielo,
no la auxilien, que es coqueta,
ni la crean, va rïendo,
nochérniga a toda vela
a su palacio en el mar,
¡acabo de ver un ángel por la calle,
síganme la romería hasta su umbral!
¿Eres Clímene de puertos eritreos
o esa perla bautizada Galatea?
¿Eres Psámate, eres Éfira, eres Ceto?,
yo soy bueno, tanto como tú eres fea;
¡ay, qué tosca tu cintura!,
¡hay que ver qué mal caminas!,
¡qué mirada tan torcida!,
¡ay, qué hechuras tan bisuntas!,
mi instrumento peregrina
al compás de tu soltura,
es tu culpa si no afina
camino a tu litoral,
¡acabo de ver un ángel por la calle,
síganme la romería hasta su umbral!
¿Llámaste Belinda, niña vengadora?,
¿es Ariel tu nombre igual que el mío es Petre?,
si eres pérfida, te nombro triunfadora,
si eres cándida, me basto petimetre;
cuentan, somos animales,

dame un muerdo, mi pantera,
soy tu panda, carnicera,
¿te enternecen mis modales?;
de peluche es mi bandera
y es tu lecho el balüarte
que ataca tu dulce fiera,
¿trabajas o estudias, náyade?
¡Acabo de ver un ángel por la calle,
síganme la romería hasta su umbral!
No me digas que tras esa vil coraza
no reside enamorado un corazón…

34

Bajo manta y sobre mí
te recoges, en silencio,
mientras ambos contemplamos
que crepita en su sosiego
un tuero de recia encina,
que las chavascas ya ardieron;
¿conociste alguna vez
la dulce esencia del tiempo?,
ya te dije, vida mía,
que en mi casa y en mi pueblo
feliz te la enseñaría,
gratitud siento en tu pecho.
Te arrullas en mi regazo,
tu rostro coloradejo
jamás lució más hermoso,
nunca se me hizo más bello,
y mientras se hace de noche,
la leña, tu piel y el fuego;
el Fénix se fortalece:
gracias, mi niña, te quiero.

35

Bajo un corazón roto
se oculta un corazón siempre latiente,
de ahí que la belleza
perdure en su estado desfalleciente,
poetas del otoño
que imitan la Natura decadente,
más el amor que fue
que aquél que abrasa en ascua incandescente,
aquélla a la que amé
mejor que a la que encuentro en el presente,
mejor en el recuerdo
que en este cuerpo mío, de serpiente,
helado y escabioso,
que vive y muere y crea juntamente,
siembra que cosechó y
contiene su semilla adolescente.
Nostalgia hay en el arte
y no modernidad, que es cruda, absurda,
es más piedra musgosa
que la puesta recién, límpida y burda,
es el joven que fui
desde el viejo que soy en mi zahúrda
de celda de hospital
en busca de una viuda que lo aturda.
Atúrdeme pensarte
tan moza, bajo aquella manteleta
tus hombros, nitidez,
tersura blanca, próvida y secreta,
recién enamorada,
oliendo como rosas tu silueta,
las rosas que te imitan,

rubores de tu cara, niña inquieta;
dolor y languidez,
te veo para siempre como fuiste,
veo tu más allá
en prístina versión que aún persiste,
existe en tu mirada
que en último estertor aquí me asiste;
mil gracias por venir:
fallezco entre lo que un día sentiste.

36

Está abierta la ventana
y el placer es sinfonía,
muslos prietos, percusiones,
del malvís la chirimía,
y la brisa en fresca templa
baila acorde en la cortina,
al ritmo los dos rimamos,
más, más cerca, más cerquita.
Derrúmbate sobre el pecho,
que codicio tu pupila,
sea párpado el pïano
solista de esta delicia,
caricia de bello vello,
y en tu cuello una caricia
del aire que me sustenta,
que soy yo, donosa niña.
Cuando roza dilatoria
en mi rostro tu mejilla,
y danzan tus senos sanos
rellenos de miel y almíbar,
cuando encinchas más violenta
y tu gozo me domina
trina al lado, en una rama,
cándida una tarabilla,
un oboe en el paisaje
y en la orquesta una llovizna,
y en mis labios un romance
y blanca luz en tu vista.

37

Jamás entenderá
el necio a quienes son inteligentes,
ni que leer a Kant
pudiera provocar dosis ingentes,
primero, de placer,
no es que les plazca hacer y hacer deberes,
y dejo atrás a Bach,
no nombro más, huelgue llegar a Goethe;
no puede comprender
que es falsa simetría si es impuesta,
no es falso el aburrirse
de música infantil, burda y simiesca,
la novelilla parva,
el borrajato vacuo y la protesta
del niñato mimado
que mancha la puerta de la nevera.
Entenderlo, lo entiende,
asunto aparte es que pueda aceptarlo,
¿democracia actual?,
ascenso de mediocre hasta tirano,
muñones voluntarios
que imponen las destrezas de sus manos,
tal si fuera capricho
la inteligencia en los seres humanos.
Hoy quieren los casados
llevar la vida propia del soltero,
el torpe, la de artista,
trepar al Everest el más obeso,
mandar el más neñín,
y viaja en su patín el más añejo,
y en vez de inteligencia
gobierna por doquier rencor del necio.

38

Mano tuya, delicada como seda,
como fragua en ardentía, mía mano;
tuyo el hombro, porcelana torneada,
estocada calurosa en mi costado;
pechos tuyos, tan tangibles, erizados,
tan herido, tan humilde, mío el pecho;
tuyo el vientre, lo presiento a una pulgada,
y tu aliento es un crisol junto a mi aliento;
y la estancia está en penumbra,
y en el páramo, silencio,
y no hay nadie en una milla a la redonda,
que es mi pueblo un escondrijo en el desierto.
Nada digas, por favor, que no se arruine
esta lluvia de esplendor, guarda el secreto,
que no irrumpa en pleno trance
ese horrible Lucifer llamado miedo.

39

Me despierta cada día
el claror de la mañana,
la luz tenue y campesina,
tamizada en la ventana,
la gallina en el nïal,
que cloquea son de entraña,
la fragancia del garbanzo
crudo y viejo de las sacas,
el hedor de los geranios
y la lila empalagada,
mientras yo remoloneo
aplastado por la sábana,
porque es la mañana hermosa,
pero es noche aquí, en mi alma.
Al cenit mis pies calzados
se arrastran por la calzada,
de bojas yertas cubiertos
y de varices tragadas
por mis músculos desiertos,
estepas desarenadas,
y es que luce primavera
el gran astro con su llama
en vigor grandioso, inmenso,
y vomita la esperanza
hecha niña de universo,
de beldades capitana,
y destellan simpatías
ambas estrellas lozanas,
mientras la campana suena
y es de noche aquí, en mi alma.

Cae la tarde otoñalmente
con nostalgia delicada,
ámbares tras las encinas,
follaje verde de palta,
nostalgia y melancolía,
sabiduría, enseñanza,
y anota la carne nubes
de homilía y de palabra;
pero mi oído no escucha
y mi mirada agotada
no se levanta del suelo,
lo surca y lo despedaza,
ya que es preciosa la tarde,
pero es de noche en mi alma.
Y cuando remonta la luna
de hueso en toda su alzada
no respondo a su sonrisa,
me desplomo aquí, en mi cama,
día tras día es insomnio,
año tras año, vacancia,
gira y gira este planeta,
noche eterna es en mi alma.

40

Curiosa siderurgia esa la tuya
cuando ante un breve tacto te derrites,
y tremantes tus dedos con barnices
arañan mis costados de yunquero;
furiosa hace un momento, ¿te rendiste?,
¿tan poco te me opones, reina rubia?,
¿tan dúctil te me esculpes y mi gubia
te ahorma con este templado fuego?
¿Qué ley recoge esta vieja liturgia?
Me río ante ese encono tribunero,
¡qué cosas por la noche me dijiste!,
¿recuerdas?, ¡ay, qué palabras tan turbias!;
no te las opondré, soy caballero,
pero comídete, pues mucho insistes,
pues mucho es lo que apuestas por tu fuero,
no vayas a perder lo que persigues.

41

Exvoto a Cipariso
encuentro según abro la mirada,
ofrenda es paraíso,
esconde envenenada
hiel, resto, podre, hueso, poco, nada;
raspa de perigallo,
perdida fantasía de su escama,
de hibisco sólo un tallo,
pluma de cisne brama,
derrota de asonante en anagrama;
de la fértil noceda,
cáscara rugosa, endemoniada,
no otorga la aliseda
elísea balada,
es coda hacia mi nada su llamada;
y de ti, tu cantata,
sonata caducada y sin cordaje,
mi viaje no relata,
me saja mi atelaje,
me cuaja sangre blanca como un traje
de nata en las espaldas,
largas serán las horas, será el día,
jornal siembro a tus faldas,
amargo de falsía,
cipreses riegan tu melancolía.

42

Acariciarte el cuello hacia los hombros
y hacia la nuca deslizar aliento
te hace vibrar el párpado irredento
y cesa toda fuerza entre mis brazos;
son gemas, son deleites tus escombros,
mas son escombros, restos ante el viento,
los erosiona dulce y no violento,
pero los lleva igual, hechos pedazos.
Verde de palta es la colcha del lecho
donde te tiendo yerta y desmayada,
tu pecho hierve, duerme ya tu espalda;
ya fuera yo un titán, hoy un desecho,
te rindes igualmente a la estocada,
niña verde, alma verde y verde falda.

43

Me han dicho que leer es un placer,
me piden que el placer difunda, enseñe,
mas sólo enseño yo al alma a que sueñe,
qué más, si ya no hay nada más que hacer;
con agua y tierra, un cuerpo de mujer,
con aire y fuego, un fuelle y un suspiro
y un hada empapanada como un tiro
de pólvora y metal a la cabeza;
no enseñe yo placer, sino belleza,
no enseñe yo a soñar, sino a leer.
Son ángel y demonio un pensamiento
de mármol y de barro y cantería,
mampuesto de cariátide tan fría
como el helor profundo de universo,
que si es placer, será placer perverso
do escaldan las estrellas mi porfía.

44

Yo lo soporto todo, todo he visto,
he visto imperios fieros destrozados,
soldados entre miembros amputados,
¿puedo definir yo lo inaguantable?;
trinchado corazón, todo he sufrido,
cadáveres portaron estas manos,
¿qué afrentas no vengaron estos labios?,
¿qué es para este señor lo insuperable?
Sólo una cosa no puedo encarar,
me vence hogaño igual que de chicuelo,
lloro a su vista como Magdalena;
pasan los años pero sigue igual
(y miren que podría ser yo abuelo):
derrúmbome ante una niñita muerta.

45

Tejados de Aranjuez en lejanía,
en lágrimas de río y horizonte,
la clave en pentagrama de mi canto
son música eternal como el remonte,
dorado Tajo viejo y estragado
atragantado
traza un recorte,
y llega el viento crespo desde el norte.
Caricias de tus manos doman aire,
las cuerdas en las mías son aristas,
rebuzno acemilar son huellas blancas
en estas sendas, muertes y agonías,
intento enternecerte en romería,
ya soy experto
de tu desidia,
tú sabia en desdeñarme la harmonía.
Yuncos, Toledo,
son un olvido,
Acis, Leteo
de nuestro idilio,
y tú, muchacha
talaverana,
enloquecida
candas ventanas.
Desde Aranjuez yo vengo cada día
con una canción nueva entre los labios,
ya no sé lo que haría, a estas alturas,
si me abrieras oídos, amor, brazos,
qué haría si tus ojos ya cedentes
recalcitraran
por mi trabajo;
se burlan, soy Cyrano de este Tajo.

46

¿Qué escucho en tu misterio, medianil?,
es una melodía de mocita,
si es un espectro es ánima que grita
como una letanía juvenil,
como pradera encinta en pleno abril,
será fantasma, mas de señorita,
honesta y limpia, hermosa y tan bonita
que hace lucir la noche tan gentil:
son pétalos rosados sus cadenas,
de abeja huele a cera, más a miel,
será de noche, mas no es noche oscura,
y no es helor el calor que procura
al hechizado y eriza su piel:
aparición de amor, que no de penas.

47

De zagal yo la bandurria
tañía entre estas murallas,
tú dejabas los vasares
y asomada a la ventana
te burlabas del bufón,
medio alegre, medio mala,
indecisa en tu balcón
esperabas y esperabas
a que la solfa creciera
y encañara la rondalla.
Aquí sigo, en odre, en cuero,
y tú sigues asomada,
¿no te cansa ya mi voz?,
¿no ves que no pasa nada?,
¿a qué esperas para abrir
el lacre gris de tu alcázar?,
¿crees en serio que vendrá
la tuna a invadir tu casa?
El insulto de tus ojos
titula mandolinadas,
¿cuántas lágrimas saldrían
de quienes nos contemplaran?,
¿qué motejo le pondrían
a nuestra siniestra danza?;
nos ignoran, por supuesto,
a los dos, ¿y qué esperabas?

48

La piedra, el libro viejo y el puchero
le dan cordaje a nueva mandolina,
en mi regazo vibra chiquitina
como una nieta: es para quien me esmero:
para sus ojos vivos yo me muero,
para su boca suena sonatina,
a fresa sabe el beso que declina
feo y sentimental el caballero;
lapido yo este cuerpo y ella crece
y hiende acá en mi pecho sus raíces,
perfora y mis aurículas destroza;
debiera a mí dolerme, que anochece,
mas no es así, que gozo cicatrices
al verla tan radiante, cuerda y moza.

49

Si ya no navega el barco
por qué tanta la cautela,
por qué tanta jarcia y vela en
la canción del astillero;
mejor ron, y ron barato
de la eterna borrachera,
grumete afincado en tierra y
su gañido marinero,
gallarín, que no gallardo,
manteca donde hebra hubiera,
añejos ecos de quiebras
de bateles balleneros;
hundida tengo la voz
y la garganta reseca,
el puerto es mi hogar, mi celda,
¡oh, canción del astillero!
Ni trinquetes ni mesanas
sino postes en la arena,
el culo de las rederas
es el horizonte entero,
y ya no hay bauprés, sí trinque,
son casposas las sirenas,
me cantan por cuatro perras,
si es que aceptan mi dinero;
les trovo aranas corsarias
de lobos de Cartagena,
de Singapur habaneras,
aventuras yo me invento;
y me mienten si me creen,
y les miento, pues son buenas,
¿mentira es esta taberna?,

¡oh, canción del astillero!
No puedo domar las olas
que se elevan altaneras,
no valgo ni en las bodegas
ni quiero volver al pueblo,
pero tú tampoco, linda,
tampoco tú, mi princesa,
ven y entona acá a mi mesa
la canción del astillero.
Si se hundió ya mi navío
a qué tanto tufo a pez…

50

Por delante cristianar mi paganía,
pisar luego el escenario, Erecsitón,
gordo en hombre, flaca sea tiranía,
por cebarla de nutricia tradición,
hambre de hembra, Mesta eterna en agonía
que bautice esta loca persecución,
por que entiendas que te muerda la belleza,
por qué carne baja humilla tanta alteza;
qué me mueve, yo alimaña,
a trocar bruscos mordiscos suaves besos
que así con furia tamaña
te tiente mondar los huesos
y te tacten estos dedos tan obesos;
que los muslos y los pechos te magree
y mis dientes luchen por despedazarte,
que por zanjas y agujeros los pasee,
hasta sesos, toda entera devorarte,
que los labios, de reseda, te rodee
con los míos, a caricias humillarte,
que tu sexo te persiga mi garganta
tan feroz, ora feliz, ora maganta;
rey abanto, repugnante,
por tu esbelta candidez tan delicada
enloquece lujuriante,
jadeante y agotada
póstrate sobre la sábana sudada.
¿Cuál, mi chiquilla, no será mi sorpresa
al catar que no rehúyes, no te ahuyentas,
que te tumbas incitante, tú, mi presa,
y a mi ardor de más en más tú te calientas,
y te mueves envolvente, lenta, espesa,

y con hambre de hombre, mi hembra, me alimentas,
y ya somos miembros de un mismo rimero
aromado de sudor, estercolero?
Rabaciles de mi lecho
nos acogen y la noche virginal
une mi pecho a tu pecho
erizado e ideal
que me clava hasta la bola su puñal.

51

Se enseña Teología a dibujitos,
es cosa natural, que somos niños,
nos cría Flora sanos y lampiños,
las nenas, lindas, los nenes, bonitos;
¡pero releche!, tiene usted añitos
que del pezón le surten los aliños
de Rueda, Valdepeñas y albariños,
y se le ven los huesos delgaditos.
Pues lleva usted razón, no es un Dibujo,
¡qué poco tardó usted en darse cuenta!,
se nota que es usted todo un portento;
¡ay, el rocín del malo, torpe y lento!,
la peli de John Wayne tras la polenta
de quien no siente que su siesta es lujo.

52

Te vas quedando fría
entre mis dedos, torpe y delicada,
te juro que eres mía,
tú, que no crees en nada,
te meces sin embargo ya entregada;
no temas, no hay futuro,
no voy a secuestrarte en mis ayures,
si me tiñes de oscuro
te bañaré de albures,
sigilos vendrán luego, no te apures;
ardieron ya tus nervios,
no luches, eres débil, eres brisa,
¿la guerra?, no hay soberbios,
¿los ebrios?, cantan misa
eterna y ya mortaja es la camisa;
te mueres, muere, muere,
mandolina de cintura encantada,
al vientre se te adhiere
mi voz apaciguada,
y el párpado se cierra a mi llamada.

53

Edith Stein, versos de Tsvetaieva,
la tarde es un sinfín, y sabatina,
mi celda de acritudes me confina
y el polvo envuelve mi bata longeva;
ya va el Adviento frío que hasta nieva,
en mi mansarda una rosa eglantina
contempla anochecer que no termina,
mientras mi mandolina trova nueva:
dolores ya pasados me retornan,
remotamente invento ensoñaciones,
mi voz destiñe en oros fracasados,
donosas damas me ungen y deforman,
repito yo estribillos de canciones,
mi canto araña muros deturpados.

54

Eres tú para mí
la nena que corría por la plaza,
detrás del hula hoop
y dándose, traviesa, una sapada;
yo dejo de jugar,
me acerco, y te consuelo de cuclillas,
a la porra el balón,
limpiamos el rozón de tu rodilla.
Desde entonces, ya ves,
los años que dejamos a la espalda,
a la velocidad
a la que recorrías la vargaña
del pazo de mi abuelo,
pastora entre el hatillo de vaquitas,
princesa de un estío,
de baños en el río, y margaritas;
mariquitas de dedo
a dedo en inconsútil senderillo,
y el dedo libre luego
retira de tu frente aquel flequillo,
e inventamos el beso,
labio a labio, arrebol en arrebol,
y se me escapa solo
"eres más guapa, Adela, que una flor".
¿Cómo pueden pensar
los siesos que existiera un matrimonio
diferente del nuestro,
tornadizo, fugaz de un lustro en otro?
Hombre, pues haberlo lo hay,
igual que en el océano hay naufragios,
pero ya no es lo mismo,
no flotan pecios, trinen los sufragios.

55

A una señora de mecha entrecana
oí que no adoraba ella al Señor,
que Zeus es almejas al vapor
y que ella, ya mayor, no duerme nana;
y ufana lo gritaba altiva y vana,
la pobre protestona del hervor,
críptica adolescente, ¡qué dolor!,
oír tales nonadas a una anciana.
¡Rediez!, sentir a Dios en la Presencia
no me parece a mí tan complicado,
y no en un tal papá de barba larga;
que no es San Nicolás, ¡cuán sabia ciencia!,
cimientos de la Ley del nuevo Estado:
silente retorné a mi celda amarga.

56

Pasa el tiempo, con el tiempo el amor,
con el amor el verso de tus labios,
las flores se me enlutan de resabios,
escarbo en tu cantera de candor;
toracones se amontonan dolor
do busco yo justicia, desagravios,
en este mundo nunca somos sabios,
desencanto, desconsuelo, sinsabor;
y sin embargo, yo aún te deseo,
tendrías que sentirte muy orgullosa
y no ofendida, trono y no trofeo,
perdida en insultada y recelosa,
midiéndote en francés el parpadeo;
no te mereces nada, poderosa.

57

Los necios aman la tecnología
y aquéllos que la adoran
lo sepan o lo ignoren es por necios,
es su arma contra los inteligentes;
mejor artificial ¡cuál rebeldía!
que ajena, extraña, en manos de otras gentes.
Hogaño se proclama ciencia envidia,
en el chisme que portan
pretenden delegar sus argumentos,
es máquina marcial del imprudente:
si yo no puedo, ¡nadie!; ¡vida mía!,
gobierna nadie, el pueblo está en el vientre.
Yo lanzo una propuesta:
que en vez de recurrir a la metáfora
llamemos por su nombre
a lo que ya gobierna nuestra vida,
a saber: la inteligencia del necio,
y, se vio el plumero, su poesía;
balazos al poeta,
a quien sublime aquesta vida trágica,
al paredón lo noble
y que tracen futuros los suicidas,
al gobernalle capitán de pecios,
balazo a la verdad, reine falsía.

58

Yo noto en matrimonios juveniles
que nada se demandan entre esposos,
los días gastan mucilaginosos
y presto se distancian tan pueriles;
que así no crecen, idos, no prensiles,
a nada se sujetan, van a viles,
errátiles sombras de vodeviles
no dejan de los dos ni vacuos posos.
El día que me case yo contigo
todo voy a pedirte, voy a darte,
y corran los silencios tan furiosos;
precedan juramentos de este amigo,
rendir el alma, el pulso, el tiempo, el arte,
y vivan hombre y par muerte orgullosos.

59

Con corteza de Filis
voy componiendo un feje,
a lomos de mi burro
lo llevo yo a que temple
la casa donde vivo,
la tumba donde el duende
escribe su mirada,
entre piñas y trébedes,
sobre fuego sumiso,
con yanta y con deleite;
piel, pupila, cabello,
¡oh, Filis!, no desertes,
te porta Demofonte
y apuesta a ti su suerte,
cabellos llamarada,
pupila, piel, inertes.

60

He declarado tanta vez amor
y empero tan tan solo peno y velo
que se aja tal cartones mi pañuelo
igual que cede enfermo el corazón;
tan duro y tan tan lento este dolor,
naufrago en sequedades de arañuelo,
y el día que quizás hallo consuelo
conozco ya fugaz la dirección.
La vida ya pasó, no fui asistido,
en vano me pregunto qué he de hacer
como si me cupiera decidirlo;
alzo el mentón, se derrumba dolido,
que no me vea nadie es el quehacer,
ayuda, por favor; vuelvo a pedirlo.

61

¿En qué me derrotó quien te acompaña?
Intento recordarlo, mas no puedo,
excavo en el pasado cada día
y cada día vano es el esfuerzo,
no entiendo cada beso que le ofreces,
miedo nocturno,
duelo en silencio,
y pongo letra acorde a mi instrumento.
Son tantas las canciones a mi estela,
ausentes en tus sábanas de seda,
que no puedo entender qué te habrá dado
quien yace allí contigo, mi doncella,
en qué me aventajó el afortunado,
cómo ha logrado
tan lisonjera
tu amable simpatía y tu querencia.
Coplas, baladas,
hieren mis labios,
rezos, sonetos
enamorados,
le pido a Dios,
todos los días,
poco, tan sólo
que me sonrías.
¡Ay, dulce mía!, que ya me ha llegado
de hielo edad y nieve en bajas cumbres,
¿qué haría quien envejeció a tu lado?,
talado soy y lloro por azumbres,
se apaga ya mi voz estropajosa,
mis dedos yermos
suenan a herrumbre:

¿qué te puedo pedir?

Que ya no escuches.

62

Al compás de mandolinas, donosas,
que glosan este infierno aquí en la tierra,
comido el muermo de alma asaz becerra
y taso la esperanza en vanas cosas;
confino en las espinas de las rosas
un viaje hacia horizonte que me encierra,
enigma que descifra parvas guerras
que tedios son, esplines entre fosas.
Es Día de Difuntos, tú tan lejos,
los años se acumulan, y los viajes,
paisajes de cruzadas y de espejos,
deshechas las virtudes, los ultrajes;
la rosa sobre el mármol, y reflejos
de vacuos y olvidados personajes.

63

Demanda un cordero añino
el néctar leve en mis manos
de una breva nueva y vanos
son mis daños, son su sino;
al holocausto camino
sin recato y sin doblez,
se vive sólo una vez
y procedo de cabeza
al alba de tu belleza
con su blanca palidez.
Yo maldigo su terneza,
vellocino envenenado,
su melodioso recado,
su bondad toda crudeza
que me monda la corteza;
me has destrozado, mi juez,
¡cuán atroz la lucidez!,
la resina me supura,
mi lepra tu luz procura
con su blanca palidez.
¿Por qué te dio por ser bella?,
¿qué has ganado con tu treta?,
será secreta la meta
que me mata y atropella,
descabella y me desuella;
me aturde mi estupidez,
¡detestable mi honradez!,
plenitud hecha tristeza,
la noche de tu belleza
con su blanca palidez.

64

Yo no soy Dios, lo siento, te he engañado,
ni su heraldo inmarcesible, acendrado,
y ahora ya lo sabes,
por algo se comienza.
La vida es vana y breve,
no volverás a Atenas
y pasarás seis días
solamente en Florencia.
Lamento ser tan duro,
perdona que adelante tu sentencia,
pero te oigo tan joven
argumentar tu ciencia…
Aun así, reconozco mi pecado,
que a Dios, el de verdad, tengo entregado.